As 30 melhores receitas com Nutella®

2º edição

Senac
Cook Lovers

Sumário

Pequenos prazeres com Nutella®

Nutella® derretida

Nutella® para ser compartilhada

Surpreendente Nutella®

Aqui temos uma releitura do Clube Sanduíche, versão doce. Nada como esta receita, para fazer as crianças comerem frutas sem ouví-las reclamar!

Clube Sanduíche com NUTELLA® e Frutas

PARA 4 PORÇÕES • PREPARO: 20 MINUTOS

12 fatias de pão de miga (ou pão de fôrma) • 8 morangos • 1 nectarina • 1 kiwi • 1 banana • 160 g de NUTELLA®

1. Toste as fatias de pão de miga na torradeira.
2. Lave os morangos e a nectarina. Descasque o kiwi e a banana. Retire os cabinhos dos morangos e corte-os em fatias. Divida a nectarina em quatro partes e corte cada parte em fatias bem finas. Corte o kiwi e a banana em rodelas finas.
3. Espalhe uma camada de NUTELLA® sobre quatro fatias de pão de miga torrado. Disponha sobre as fatias de pão torrado besuntadas de NUTELLA®, as frutas cortadas, sobrepondo-as . Cubra com uma outra fatia de pão de miga torrado. Espalhe NUTELLA® sobre esta fatia e disponha novamente as frutas cortadas em fatias. Finalize colocando uma fatia de pão de miga torrado.
4. Corte cada sanduíche ao meio, de modo a formar dois triângulos. Perfure cada sanduíche com um palito e deguste imediatamente.

Sugestão: aproveite a ocasião para fazer os seus filhos comerem as frutas da estação. Para isso, não hesite em variar o sabor, utilizando maçã, pêra, manga, etc.

Um lanche que as crianças adoram. Com uma única mordida, elas irão se deliciar com esses palmiers com NUTELLA®!

Mini palmiers de coco com NUTELLA®

PARA 30 PALMIERS • PREPARO: 5 MINUTOS • COZIMENTO: 15 MINUTOS • refrigeração: 30 minutos

1 massa folhada pronta para uso • 150 g de NUTELLA® • 15 g de coco ralado

1. Preaqueça o forno à temperatura de 180 °C.
2. Abra, estique a massa folhada e cubra com NUTELLA®.
3. Enrole a massa de um lado até o centro e em seguida faça a mesma coisa do outro lado, de forma que os dois rolos se encontrem no meio.
4. Leve o rolo de massa ao congelador por 30 minutos para facilitar o corte dos palmiers.
5. Corte o rolo de massa em partes de 5 cm de espessura aproximadamente e as disponha sobre uma fôrma tipo tabuleiro forrada com papel-manteiga.
6. Leve ao forno por 15 minutos. No meio do cozimento, salpique os míni palmiers com coco ralado.

A combinação de NUTELLA® com laranja fará com que você aprecie esses doces como um momento de raro prazer.

Whoopies com NUTELLA® e laranja

PARA 15 MINI WHOOPIES • PREPARO: 30 MINUTOS • COZIMENTO: 10 A 15 MINUTOS • refrigeração: 60 minutos

Para o creme 1 laranja (o suco e as raspas) • 75 g de manteiga • 50 g de açúcar • 1 ovo • 75 g de queijo tipo petit-suisse

Para os biscoitos 125 g de farinha de trigo • ½ colher de sopa de fermento em pó • 1 pitada de sal • 40 g de manteiga • 40 g de açúcar • 1 ovo • 100 g de NUTELLA® • 20 g de cacau em pó • 100 ml de leite

---

1. Preaqueça o forno à temperatura de 180 °C.
2. Prepare o creme. Rale a casca da laranja e esprema o suco. Derreta a manteiga em banho-maria. Adicione o açúcar, o ovo, as raspas e o suco da laranja. Bata regularmente até que a mistura fique espessa. Retire do fogo e deixe esfriar. Incorpore em seguida o queijo petit-suisse e reserve na geladeira.
3. Prepare os biscoitos. Misture a farinha de trigo, o fermento e o sal. Em uma tigela, bata a manteiga com o açúcar. Adicione o ovo, a NUTELLA®, o cacau em pó e o leite. Misture bem. Adicione, em seguida, a mistura de farinha de trigo com o fermento.
4. Sobre uma fôrma tipo tabuleiro forrada com papel-manteiga, deposite pequenas porções de massa. Leve ao forno por 10 a 15 minutos. Ao retirá-los, deixe esfriar sobre uma grelha e, assim que estiverem frios, recheie-os com o creme de laranja.

Uma agradável surpresa se esconde no interior desses cookies: é NUTELLA® derretida!

Financiers recheados com NUTELLA®

PARA 18 FINANCIERS • PREPARO: 10 MINUTOS • COZIMENTO: 10 A 12 MINUTOS

70 g de manteiga • 50 g de farinha de trigo • 130 g de açúcar de confeiteiro • 70 g de farinha de amêndoas (ou amêndoas moídas) • 4 claras • 50 g de NUTELLA®

1. Preaqueça o forno à temperatura de 210 °C.
2. Em uma panela pequena, derreta a manteiga em fogo baixo. Reserve.
3. Em uma tigela, misture a farinha de trigo, o açúcar de confeiteiro e a farinha de amêndoas. Incorpore as claras, uma de cada vez, e em seguida adicione a manteiga previamente derretida. Misture bem.
4. Unte as fôrmas para financier e despeje a massa, preenchendo metade de cada cavidade.
5. Adicione uma colher (chá) de NUTELLA® em cada cavidade já preenchida com a massa e cubra com a massa restante. Deixe no forno por 10 a 12 minutos.

Os apreciadores de coulants não ficarão decepcionados com o prazer intenso dessa combinação perfeita entre o coco ralado e a tão conhecida pasta de chocolate com avelãs.

Coulants de coco com recheio de NUTELLA®

PARA 4 COULANTS • PREPARO: 20 MINUTOS • COZIMENTO: 15 MINUTOS

140 g de coco ralado • 80 g de açúcar de confeiteiro • 40 g de manteiga amolecida (em temperatura ambiente) • 1 gema • 100 ml de leite de coco • 3 claras • 1 pitada de sal • farinha de trigo para untar as forminhas • 4 colheres (chá) de NUTELLA®

1. Preaqueça o forno à temperatura de 180 °C.
2. Em uma tigela, misture o coco ralado, o açúcar de confeiteiro, a manteiga, a gema e o leite de coco.
3. Em outro recipiente, bata as claras em neve até o ponto de picos firmes. Acrescente o sal e incorpore-as delicadamente à mistura com coco.
4. Unte e enfarinhe quatro forminhas para coulants. Reparta a massa entre as quatro fôrmas e em seguida deposite uma colher (chá) de NUTELLA® no centro de cada forminha, pressionando para dentro da massa.
5. Leve ao forno por 15 minutos. Retire e deixe os coulants repousarem durante 5 minutos antes de desenformá-los, delicadamente.

Sugestão: pressione bem a NUTELLA® para dentro da massa, para que ela não resseque e nem forme uma crosta durante o cozimento.

Tortinhas de banana com NUTELLA®

PARA 6 TORTINHAS • PREPARO: 15 MINUTOS • REPOUSO DA MASSA: 1 HORA • COZIMENTO: 20 MINUTOS

Para a massa: 180 g de manteiga • 2 pitadas de sal • 1 colher (sopa) de açúcar • 2 gemas • 50 ml de leite em temperatura ambiente • 255 g de farinha de trigo

3 bananas • 200 g de NUTELLA® (aproximadamente 1 colher de sopa bem cheia por tortinha) • 2 colheres (sopa) de macadâmia torrada e picada

1. Prepare a massa. Corte a manteiga em pedaços pequenos. Trabalhe a manteiga com uma espátula para torná-la cremosa. Adicione o sal, o açúcar, as gemas e o leite, mexendo sempre, até obter uma mistura homogênea. Incorpore, pouco a pouco, a farinha de trigo e trabalhe a massa com a mão. Forme uma bola de massa, envolva-a em filme plástico para alimentos e leve à geladeira por 1 hora.

2. Preaqueça o forno a 200 °C. Sobre uma área de trabalho enfarinhada, abra a massa com 3 mm de espessura. Unte seis forminhas de 10 cm de diâmetro para as tortinhas. Corte a massa retirando seis discos com um diâmetro levemente superior ao das fôrmas. Forre-as com os discos de massa e perfure-os no fundo (na base) com um garfo em vários pontos. Leve ao forno por 10 minutos.

3. Corte as bananas em rodelas de aproximadamente 5 mm de espessura. Retire as fôrmas do forno. Espalhe sobre cada fundo de tortinha aproximadamente uma colher (sopa) de NUTELLA®. Disponha sobre a NUTELLA® as rodelas de banana e leve as tortinhas ao forno novamente, por 10 minutos. Polvilhe as tortinhas com a macadâmia triturada, antes de servi-las mornas ou frias.

Uma guloseima fácil e rápida de preparar utilizando a famosa pasta de chocolate e avelãs, para satisfazer as ávidas papilas gustativas tanto das crianças quanto dos adultos!

Suflê de NUTELLA®

PARA 6 PESSOAS • PREPARO: 20 MINUTOS • COZIMENTO: APROXIMADAMENTE 30 MINUTOS

200 g de NUTELLA® • 6 ovos • 40 g de amido de milho • 120 g de açúcar • 1 sachê de açúcar com baunilha • 15 g de manteiga • açúcar de confeiteiro para polvilhar

1. Derreta a NUTELLA® em banho-maria.
2. Quebre os ovos e separe as claras das gemas. Em uma tigela, peneire o amido de milho e misture com 60 g de açúcar.
3. Incorpore na NUTELLA® derretida as gemas (duas por vez), em seguida acrescente o açúcar com baunilha e, por fim, a mistura feita com o amido de milho e o açúcar.
4. Preaqueça o forno a 220 °C. Bata as claras em neve até o ponto de formar picos. Adicione 50 g de açúcar. Incorpore as claras batidas em neve à mistura da NUTELLA®, revolvendo a massa sem batê-la.
5. Unte com manteiga seis forminhas para suflê ou seis forminhas cilíndricas e polvilhe com os 10 g de açúcar restantes. Despeje a massa nas fôrmas e leve os suflês ao forno por 25 a 30 minutos.
6. Ao retirar do forno, polvilhe os suflês com o açúcar de confeiteiro e sirva.

Aprecie esses minicroissants no café da manhã ou na hora do lanche.

Minicroissants recheados com NUTELLA®

PARA 16 MINICROISSANTS • PREPARO: 10 MINUTOS • COZIMENTO: 20 MINUTOS

1 massa folhada pré-estendida • 150 g de NUTELLA® • 1 gema

1. Preaqueça o forno a 180 °C.
2. Abra e estenda a massa folhada sobre uma área de trabalho. Cubra a massa com uma espessa camada de NUTELLA®.
3. Em seguida, corte a massa em dezesseis triângulos iguais. Enrole cada parte sobre ela mesma, começando pelo lado mais largo, de modo a formar um mini-croissant.
4. Besunte-os com a gema, utilizando um pincel.
5. Leve ao forno por 20 minutos.

Uma sobremesa que nos faz voltar ao passado! E como é gostoso sucumbir à tentação...

Mousse de NUTELLA®

PARA 8 MOUSSES • PREPARO: 15 MINUTOS • REFRIGERAÇÃO: 6 HORAS NO MÍNIMO

4 ovos + 2 claras • 2 colheres (sopa) de açúcar • 200 g de NUTELLA® • 50 g de manteiga • 50 g de creme de leite fresco • avelãs torradas e moídas

1. Quebre os ovos separando as gemas das claras. Bata vigorosamente as gemas com o açúcar, até que a mistura fique branca e obtenha uma consistência de espuma.
2. Derreta a NUTELLA® com a manteiga em uma tigela de vidro em banho-maria. Deixe amornar. Misture o preparo de NUTELLA® com as gemas batidas e em seguida incorpore o creme de leite fresco.
3. Bata as claras em neve até o ponto de picos firmes. Com o auxílio de uma espátula, incorpore-as delicadamente à mistura precedente.
4. Forre o fundo de oito fôrmas individuais com uma fina camada de avelãs torradas.
5. Divida a mousse nas forminhas e leve-as à geladeira por 6 horas, no mínimo.

Sugestão: antes de servir, coloque a mousse no congelador por meia hora, para que fique ainda mais firme.

Para variar o tradicional creme brûlée (pudim de creme de baunilha), ouse adicionar um pequeno toque de NUTELLA®. Fica delicioso! Prepare o creme de baunilha na véspera, pois ele deve repousar por doze horas.

Creme brûlée com NUTELLA®

PARA 4 PESSOAS • PREPARO: 15 MINUTOS • COZIMENTO: 1 HORA •

REFRIGERAÇÃO: 12 HORAS NO MÍNIMO

6 gemas • 75 g de açúcar • 1 fava de baunilha • 150 ml de leite • 250 ml de creme de leite fresco • 160 g de NUTELLA® • 40 g de açúcar mascavo

1. Preaqueça o forno a 100 °C. Bata as gemas com o açúcar até que a mistura fique esbranquiçada.
2. Divida a fava de baunilha ao meio no sentido longitudinal. Retire as sementes contidas no interior da fava com a ponta de uma faca e coloque-as na mistura de gemas. Despeje progressivamente sobre a mesma mistura o leite e o creme de leite, que devem estar em temperatura ambiente, misturando bem para que o creme fique liso e homogêneo.
3. Disponha no fundo de quatro tigelinhas refratárias (que possam ir ao forno) a quantidade de uma generosa colher (sopa) de NUTELLA®, ou seja, aproximadamente 40 g. Despeje por cima o creme de baunilha. Coloque as tigelas no nível médio do forno e asse por uma hora.
4. Retire o creme do forno e deixe esfriar. Assim que estiver frio, leve à geladeira e deixe-o sob refrigeração no mínimo por 12 horas. Alguns minutos antes de servir, polvilhe o creme com o açúcar mascavo e caramelize a superfície com a ajuda de um maçarico de cozinha (ou deixe o creme durante um minuto sob a grelha do forno).

miam

As crianças vão certamente adorar esse milk-shake com um gosto delicioso de NUTELLA®!

Milk-shake de banana com NUTELLA®

PARA 2 PESSOAS • PREPARO: 10 MINUTOS

2 bananas • 400 ml de leite gelado • 3 colheres (sopa) de NUTELLA® • 1 colher (sopa) de açúcar • 4 ou 5 cubos de gelo

1. Descasque e corte as bananas em rodelas.

2. Despeje-as no leite frio e bata no liquidificador com a NUTELLA®, o açúcar e os cubos de gelo por um minuto, para obter uma mistura bem cremosa, com textura de espuma.

3. Despeje o milk-shake em copos e beba em seguida.

Variação: você pode substituir os cubos de gelo por duas bolas de sorvete de baunilha.

LAIT PASTEURISÉ
COOPÉRATIVE
D'HERBEVILLE ET

Você pode depositar sobre esse creme uma nuvem de chantilly ou ainda polvilhá-lo com alguns pistaches triturados, sem sal.

Creme de NUTELLA®

PARA 8 PESSOAS • PREPARO: 20 MINUTOS • COZIMENTO: 10 MINUTOS • REFRIGERAÇÃO: 4 HORAS

3 gemas • 25 g de açúcar • 250 ml de leite • 125 g de creme de leite fresco • 180 g de NUTELLA®

1. Em uma tigela, bata as gemas com o açúcar até obter uma coloração esbranquiçada e uma textura fofa.

2. Em uma panela, ferva o leite e o creme de leite. Despeje-os quentes sobre as gemas, mexendo sempre. Ponha essa mistura em uma panela e cozinhe em fogo médio, mexendo sem parar, até levantar fervura. Fora do fogo, deixe esfriar durante dez minutos e em seguida adicione gradativamente a NUTELLA®, mexendo para obter uma consistência homogênea.

3. Despeje o creme em oito forminhas refratárias individuais ou em oito potinhos de vidro e leve-os à geladeira por pelo menos quatro horas.

Para inovar o arroz doce tradicional, experimente esta receita!

Arroz Doce com NUTELLA®

PARA 4 PORÇÕES • PREPARO: 5 MINUTOS • COZIMENTO: 45 MINUTOS

1 litro de leite • 20 g de açúcar • 1 fava (vagem) de baunilha • 100 g de arroz de grão redondo • 3 colheres de sopa de NUTELLA®

1. Em uma panela, ferva o leite e o açúcar. Usando uma faca, divida a fava de baunilha ao meio, no sentido longitudinal e, com a ponta da faca, retire as sementes e acrescente no leite.

2. Despeje o arroz lentamente em chuva, no leite fervendo e cozinhe em fogo baixo por aproximadamente 45 minutos. Mexa algumas vezes, para evitar que o arroz pegue no fundo da panela.

3. Finalize o cozimento assim que o arroz estiver cozido e adicione de imediato a NUTELLA®. Misture até que a NUTELLA® seja incorporada. Deixe o arroz arrefecer para absorver o excesso de líquido.

Sirva morno ou frio.

Renove as surpresas: adicione à NUTELLA® balas de chocolate, creme de castanhas ou ainda caramelo com manteiga salgada.

Merengues com NUTELLA®

PARA 12 MERENGUES APROXIMADAMENTE • PREPARO: 20 MINUTOS •

COZIMENTO: 50 MINUTOS A 1 HORA

4 claras • 200 g de açúcar • 12 colheres (chá) de NUTELLA®

1. Preaqueça o forno a 110 °C. Para obter merengues regulares, desenhe formas ovais de 10 x 7 cm sobre uma folha de papel-manteiga. Vire a folha e forre uma fôrma do tipo tabuleiro.

2. Em uma tigela, bata as claras em neve. Assim que elas começarem a ficar firmes, adicione progressivamente o açúcar. Continue batendo até que o açúcar esteja bem dissolvido e que o merengue forme picos. Se não conseguir obter esses picos, você pode pôr a tigela em banho-maria em uma panela com água quente e continuar a bater por mais alguns minutos.

3. Encha um saco de confeiteiro com merengue munido de um bico com 10 mm. Disponha um pouco de merengue no centro de cada forma oval. Adicione uma colher (chá) de NUTELLA® sobre cada merengue. Cubra com mais merengue.

4. Leve ao forno por 20 minutos. Reduza em seguida a temperatura para 70 °C e prossiga o cozimento por mais 30 a 40 minutos.

5. Retire os merengues do forno e deixe-os secar durante uma noite antes de saboreá-los.

Para essa receita, você pode substituir a gelatina por ágar-ágar. Nesse caso, utilize 2 g de ágar-ágar para 400 ml de creme de leite fresco.

Panna cotta de NUTELLA®

PARA 4 PESSOAS • PREPARO: 10 MINUTOS • COZIMENTO: 3 MINUTOS • REFRIGERAÇÃO: 3 HORAS NO MÍNIMO

2 folhas de gelatina • 400 ml de creme de leite fresco • 160 g de NUTELLA®

1. Amoleça as folhas de gelatina em uma tigela com água fria.

2. Em uma panela, ferva o creme de leite fresco. Adicione a NUTELLA® e mexa com uma espátula até obter um creme totalmente homogêneo.

3. Escorra a gelatina e, fora do fogo, incorpore-a ao creme de NUTELLA®. Misture bem.

4. Reparta a panna cotta em tigelinhas de vidro. Deixe esfriar e em seguida coloque-as na geladeira por no mínimo três horas.

Com caramelo e NUTELLA®, podemos fazer pirulitos que nos dão vontade de voltar à infância!

Pirulitos de NUTELLA® com recheio de caramelo

PARA 12 PIRULITOS • PREPARO: 40 MINUTOS • COZIMENTO: 2 MINUTOS • REFRIGERAÇÃO: 5 HORAS

70 g de NUTELLA® • 1 pote de caramelo com manteiga salgada (pode ser obtido em empórios finos ou pode ser feito em casa)

1. Amoleça a NUTELLA® em banho banho-maria. Reserve a metade. Despeje uma fina camada de NUTELLA® no fundo de forminhas de silicone. Leve-as à geladeira por 30 minutos.
2. Deposite em seguida uma colher (chá) de caramelo dentro de cada forminha. Cubra com a NUTELLA® reservada. Espete um palito tipo de sorvete em cada pirulito e leve-os novamente à geladeira, por aproximadamente cinco horas.
3. Desenforme os pirulitos virando cada forminha. Saboreie em seguida.

Um rocambole? Sim, mas de NUTELLA®, que agradará a todos, sobretudo àqueles que mantiveram uma alma de criança...

Rocambole de NUTELLA®

PARA 4 MINIRROCAMBOLES • PREPARO: 15 MINUTOS • COZIMENTO: 10 A 15 MINUTOS

4 ovos • 120 g de açúcar • 40 g de farinha de trigo • 1 pitada de sal • 200 g de NUTELLA® • 50 g de chocolate para a cobertura.

1. Preaqueça o forno a 180 °C. Quebre os ovos separando as claras das gemas. Bata as gemas com o açúcar até que elas fiquem esbranquiçadas e obtenham uma consistência cremosa. Adicione a farinha de trigo. Bata as claras em neve com uma pitada de sal. Com uma espátula, incorpore-as delicadamente à mistura precedente.

2. Despeje a massa em uma fôrma do tipo tabuleiro com aproximadamente 40 x 30 cm, forrada com papel-manteiga. Leve ao forno por 10 a 15 minutos.

3. Retire a massa do forno. Corte-a em quatro partes iguais, mas sem separar as partes nem retirar o papel-manteiga. Enrole a massa e deixe esfriar por alguns minutos.

4. Desenrole a massa, retire o papel-manteiga e cubra as quatro partes de massa com NUTELLA®. Enrole separadamente as partes a fim de obter minirrocamboles.

5. Corte o chocolate em pedaços pequenos. Derreta-o em banho-maria. Utilizando uma faca ou uma espátula, cubra os minirrocamboles com chocolate. Deixe a cobertura endurecer à temperatura ambiente.

Crayons
1
BON POINT
1
BON POINT

Esta linda torta agradará a todos os convidados. Como acabamento, salpique lascas de chocolate ao leite, para que ela fique ainda mais irresistível.

Cheesecake de NUTELLA® com biscoitos amanteigados

PARA 8 PESSOAS • PREPARO: 15 MINUTOS • COZIMENTO: 60 MINUTOS + 30 MINUTOS • REFRIGERAÇÃO: 30 MINUTOS + 12 HORAS

100 g de manteiga • 250 g de biscoitos amanteigados (ou uma bolacha seca da sua escolha) • 50 g de chocolate amargo • 150 g de NUTELLA® • 200 ml de creme de leite fresco • 600 g de cream cheese • 4 ovos

1. Preaqueça o forno a 150 °C.
2. Derreta a manteiga em banho-maria. Em uma tigela, esmigalhe os biscoitos amanteigados e em seguida adicione a manteiga derretida. Misture bem e coloque essa massa em uma fôrma (com fundo removível, de preferência). Pressione a massa com o fundo de um copo, por exemplo. Reserve na geladeira por pelo menos 30 minutos.
3. Em uma panela, derreta o chocolate, a NUTELLA® e o creme de leite. Misture. Em outro recipiente, bata com um batedor de claras o cream cheese e os ovos. Adicione em seguida o creme à NUTELLA®. Despeje essa mistura em uma fôrma previamente untada com manteiga.
4. Leve ao forno por 60 minutos. Deixe o cheesecake por mais 30 minutos dentro do forno desligado. Mantenha a torta na geladeira por pelo menos 12 horas antes de servir.

Um crumble pelo qual muitos irão se apaixonar! Não hesite em variar as frutas: bananas ou maçãs também combinam com a NUTELLA®! E, para tornar essa sobremesa ainda mais apetitosa, sirva com uma bola de sorvete de baunilha.

Crumble de peras com NUTELLA®

PARA 4 PESSOAS • PREPARO: 15 MINUTOS • COZIMENTO: 25 MINUTOS

6 peras • 200 g de NUTELLA® • 40 g de manteiga • 30 g de açúcar mascavo • 60 g de farinha de trigo • 20 g de amêndoas moídas

1. Preaqueça o forno a 180 °C. Lave as peras, descasque-as e corte-as em cubos. Coloque-as em uma travessa refratária que possa ir ao forno. Cubra as peras com NUTELLA® utilizando uma colher (sopa); se tiver dificuldade de espalhar a NUTELLA®, coloque a travessa em água quente por 2 ou 3 minutos, para amolecer o conteúdo, facilitando a tarefa.

2. Corte a manteiga em pedaços pequenos. Em uma tigela, misture o açúcar mascavo, a manteiga, a farinha de trigo e as amêndoas moídas. Trabalhe todos os ingredientes com a ponta dos dedos, até obter uma mistura granulosa.

3. Distribua essa mistura sobre a NUTELLA® e leve ao forno por 25 minutos, aproximadamente. O crumble deve adquirir uma bela coloração dourada. Sirva morno.

COMMENT JOUER
À LA DINETTE

Substitua as avelãs por amêndoas moídas para variar os sabores.

Torta tradicional do Dia de Reis com NUTELLA®

PARA 8 PESSOAS • PREPARO: 15 MINUTOS • COZIMENTO: 25 MINUTOS

220 g de NUTELLA® • 2 ovos + 1 gema para a cobertura • 120 g de avelãs moídas • 2 massas folhadas (pré-prontas)

1. Preaqueça o forno a 220 °C. Em uma tigela, misture a NUTELLA®, os ovos e as avelãs moídas.
2. Desenrole a primeira massa folhada sobre uma fôrma forrada com papel-manteiga. Espalhe delicadamente a mistura com NUTELLA® com uma colher (sopa). Deixe uma borda de 1,5 cm a fim de poder, em seguida, unir as duas massas folhadas mais facilmente.

3. Desenrole a segunda massa e coloque-a sobre a primeira. Una as bordas das duas massas fazendo uma dobrinha em torno da torta.

4. Com a ajuda de um pincel, espalhe a gema sobre toda a superfície superior da torta, em seguida faça cortes superficiais formando uma ampla disposição de quadrados contíguos com uma faca de ponta fina. Leve ao forno por 25 minutos.

Esse bolo de Natal ficará ainda mais charmoso se decorado com ursinhos de marshmallow cobertos com chocolate colados nas laterais.

Bolo de Natal com NUTELLA®

PARA 4 PESSOAS • PREPARO: 1 HORA • REFRIGERAÇÃO: 12 HORAS • COZIMENTO: 15 MINUTOS

Para a massa 2 ovos • 60 g de açúcar • 30 g de farinha de trigo • 15 g de cacau em pó
Para o creme 100 g de chocolate ao leite • 100 g de NUTELLA® • 200 ml de creme de leite fresco • 2 g de ágar-ágar

1. Preaqueça o forno a 180 °C. Bata os ovos e o açúcar na batedeira durante 4 ou 5 minutos. Incorpore delicadamente com uma espátula a farinha de trigo e o cacau em pó peneirado. Despeje a massa dentro de uma fôrma forrada com papel-manteiga. Leve a massa ao forno por 15 minutos. Deixe esfriar sobre um pano de prato umedecido ou sobre uma folha limpa de papel-manteiga.

2. Derreta o chocolate ao leite com a NUTELLA® em banho-maria. Em uma panela, ferva 50 ml de creme de leite com ágar-ágar. Adicione a mistura de chocolate fora do fogo. Misture bem e deixe esfriar.

3. Bata o creme de leite restante em ponto de chantilly bem firme e incorpore delicadamente à mistura de chocolate.

4. Forre uma fôrma de bolo com os ursinhos. Despeje a mistura de chantilly com chocolate e em seguida deposite um retângulo do bolo (da massa) abaixo do tamanho da fôrma. Deixe o bolo por 12 horas na geladeira. Passe rapidamente a fôrma em água quente e desenforme delicadamente o bolo sobre um prato. Sirva bem gelado.

Há realmente um sabor de NUTELLA® nessa sobremesa! O ideal é preparar a charlote na véspera, pois quanto mais tempo ela fica na geladeira, mais firme e melhor se mantém.

Charlote de NUTELLA®

PARA 4 PESSOAS • PREPARO: 20 MINUTOS • REFRIGERAÇÃO: 12 HORAS NO MÍNIMO

500 ml de leite • 4 colheres (chá) de cacau em pó • 50 g de açúcar • 275 g de biscoito rosa de Reims ou biscoito champanhe • 250 ml de creme de leite fresco gelado • 300 g de NUTELLA®

1. Ferva meio copo de leite. Em uma tigela, misture o cacau com o açúcar, dilua-os no leite quente e acrescente o leite restante. Umedeça os biscoitos levemente, um por um, nessa mistura de leite com chocolate. Forre uma fôrma própria para charlote de aproximadamente 12 a 15 cm de diâmetro; aperte bem os biscoitos uns contra os outros para que a charlote fique bem montada e não desmorone no momento em que for desenformada.

2. Despeje o creme de leite em uma tigela e bata em ponto de chantilly bem firme (utilize um batedor de claras). Incorpore delicadamente a NUTELLA®, revolvendo a massa com uma espátula.

3. Despeje o creme de NUTELLA® até a metade da fôrma e em seguida faça uma nova camada de biscoitos embebidos na mistura de leite com chocolate. Cubra com o restante do creme até a parte superior da fôrma. Envolva-a com um pedaço de filme plástico e leve a charlote à geladeira por no mínimo 12 horas.

Sugestão: você pode forrar a fôrma com filme plástico para facilitar a tarefa de retirar a charlote depois.

Práticas e fáceis de preparar, estas iguarias podem ser apreciadas em qualquer momento.

Flocos de milho cobertos com NUTELLA®

PARA 15 UNIDADES • PREPARO: 10 MINUTOS • COZIMENTO: 5 MINUTOS • REFRIGERAÇÃO: 2 HORAS

90 g de chocolate ao leite • 120 g de NUTELLA® • 40 g de flocos de milho (cereal matinal)

1. Em uma panela, derreta o chocolate e a NUTELLA® em fogo brando. Quando estiverem derretidos, adicione os flocos de milho. Misture delicadamente.
2. Deposite pequenas porções dessa mistura sobre uma folha de papel-manteiga ou em forminhas de papel. Leve à geladeira por 2 horas, no mínimo, antes de saboreá-los.

Let's take
a break
and have a
pleasant chat!
Would you like
some coffee ?
coffee
with
milk

Macarons recheados com NUTELLA®

PARA 40 MINIMACARONS • PREPARO: 40 MINUTOS • COZIMENTO: 15 MINUTOS • REPOUSO: 20 MINUTOS • REFRIGERAÇÃO: 24 HORAS

260 g de açúcar de confeiteiro • 240 g de amêndoas moídas (ou farinha de amêndoas) • 30 g de cacau em pó • 6 claras • 200 g de açúcar refinado • 400 g de NUTELLA®

1. Preaqueça o forno a 140 °C. Misture o açúcar de confeiteiro com as amêndoas moídas e o cacau, a fim de obter um pó bem fino. Peneire tudo.

2. Em um recipiente, bata as claras; assim que elas adquirirem uma consistência de espuma, adicione a metade do açúcar refinado e continue batendo. Quando as claras começarem a ficar firmes, despeje o restante do açúcar e bata mais um pouco até obter um merengue espesso. Incorpore a mistura peneirada de amêndoas com cacau, utilizando uma espátula. Misture tudo com gestos suaves e longos por pelo menos dois minutos, indo das bordas do recipiente até o centro. A massa deve ficar homogênea.

3. Forre uma fôrma do tipo tabuleiro com papel-manteiga e desenhe círculos com 3,5 cm de diâmetro, com intervalos regulares. Despeje a massa em um saco de confeiteiro munido com um bico liso e forme bolinhas respeitando o diâmetro das esferas desenhadas. Deixe repousar por 20 minutos em local seco, para que uma crosta se forme na superfície.

4. Antes de levar ao forno, coloque a fôrma com os macarons sobre outra fôrma, para evitar que o fundo das massinhas fique queimado. Deixe no forno por 15 minutos, mantendo a porta do forno ligeiramente aberta.

5. Deixe os macarons esfriarem por 5 a 10 minutos e retire-os da fôrma. Assim que tiverem esfriado, recheie a metade de cada macaron com NUTELLA® e una com a outra metade restante. Conserve os macarons na geladeira por 24 horas antes de saboreá-los, para que fiquem ainda mais macios.

As telhas crocantes com o delicioso sabor da NUTELLA® são tão rápidas de serem preparadas que as comemos sem parar!

Telhas crocantes de NUTELLA®

PARA 20 TELHAS • PREPARO: 25 MINUTOS • COZIMENTO: 6 A 10 MINUTOS

50 g de avelãs • 35 g de manteiga • 2 claras • 80 g de açúcar • 30 g de farinha de trigo • 100 g de NUTELLA®

1. Preaqueça o forno a 160 °C.

2. Espalhe as avelãs sobre uma fôrma do tipo tabuleiro forrada com papel-manteiga e leve ao forno por 15 minutos. Coloque as avelãs em um pano de prato limpo e friccione umas contra as outras para retirar a "pele". Triture-as em pedacinhos pequenos.

3. Em uma panela, derreta a manteiga em fogo baixo. Em uma tigela, misture as claras e o açúcar. Adicione em seguida a farinha de trigo peneirada, a NUTELLA® e a manteiga já derretida.

4. Utilizando uma colher (sopa), deposite pequenas porções da massa em uma forma do tipo tabuleiro forrada com papel-manteiga e as espalhe com as costas da colher, formando discos. Salpique-as com as avelãs trituradas. Leve ao forno por 6 a 10 minutos, conforme a espessura.

5. Deposite delicadamente os discos de massa sobre um rolo de abrir massa ou sobre uma garrafa. Eles irão adquirir a forma encurvada característica das telhas quando esfriarem.

Sirva estes rolinhos vietnamitas na hora do lanche ou em um piquenique. Varie o prazer substituindo a manga por banana ou pera.

Rolinho vietnamita recheado com manga e NUTELLA®

PARA 10 ROLINHOS • PREPARO: 15 MINUTOS • COZIMENTO: 10 MINUTOS

1 manga • 2 colheres (sopa) de lascas de amêndoas • 25 g de manteiga • 5 folhas de massa filo (ou phyllo) • 100 g de NUTELLA®

1. Descasque a manga, retire a polpa e corte-a em pequenos cubos. Em uma frigideira, torre a seco as lascas de amêndoas. Derreta a manteiga.

2. Preaqueça o forno a 200 °C. Divida as folhas de filo ao meio com uma faca e em seguida corte cada uma, arredondando as pontas e mantendo a forma retangular. (Reserve as demais folhas sob um pano umedecido, pois a massa resseca rapidamente.) Coloque alguns cubos de manga no meio da folha de massa, perto da borda. Adicione duas colheres (chá) de NUTELLA® e algumas lascas de amêndoas. Comece enrolando o rolinho até a metade da folha, dobre as bordas em direção ao meio e termine de enrolar. Prepare os demais rolinhos dessa forma.

3. Utilizando um pincel, besunte os rolinhos com a manteiga derretida. Disponha-os em uma fôrma do tipo tabuleiro forrada com papel-manteiga. Leve ao forno por dez minutos; os rolinhos devem adquirir uma coloração dourada. Saboreie-os mornos ou frios.

Quando mordemos uma trufa, temos uma surpresa: uma avelã caramelizada!

Trufas de NUTELLA®

PARA 15 TRUFAS • PREPARO: 20 MINUTOS • COZIMENTO: 5 MINUTOS • REFRIGERAÇÃO: 30 MINUTOS

30 g de açúcar • 2 colheres (sopa) de água • 15 avelãs inteiras • 50 g de chocolate amargo • 2 colheres de creme de leite fresco • 150 g de NUTELLA® • 30 g de amêndoas moídas

1. Em uma panela, derreta o açúcar refinado com duas colheres (sopa) de água para obter o caramelo. Quando ele estiver pronto, adicione as avelãs inteiras e misture bem. Quando as avelãs já estiverem bem caramelizadas, coloque-as sobre uma folha de papel-manteiga e deixe-as secar.

2. Em uma panela, derreta o chocolate amargo picado em pedaços com o creme de leite e a NUTELLA®. Misture bem. Quando a massa estiver bem homogênea, retire a panela do fogo e deixe esfriar.

3. Pegue um pouquinho da massa utilizando uma colher (chá). Incorpore nessa massa uma avelã caramelizada e, em seguida, na palma da sua mão, enrole-a formando uma bolinha. Faça várias bolinhas até terminar a massa, depois passe-as nas amêndoas moídas. Leve as trufas à geladeira por 30 minutos antes de servi-las.

Você pode aromatizar a massa dos charutos com raspas de laranja – essa fruta combina muito com NUTELLA®.

Charutos de NUTELLA®

PARA 30 CHARUTOS • PREPARO: 15 MINUTOS • COZIMENTO: 8 MINUTOS • REFRIGERAÇÃO: 2 HORAS

100 g de manteiga amolecida • 100 g de açúcar de confeiteiro • 90 g de farinha de trigo• 50 g de claras (2 ou 3 unidades) • 150 g de NUTELLA®

1. Em uma tigela, misture vigorosamente a manteiga com o açúcar de confeiteiro, utilizando uma espátula, durante dois minutos. Adicione a farinha de trigo, misture e em seguida incorpore as claras, uma a uma, até obter uma massa lisa. Deixe a massa repousar por duas horas na geladeira.

2. Preaqueça o forno a 200 °C. Utilizando uma colher grande, deposite pequenas porções da massa em uma fôrma do tipo tabuleiro forrada com papel-manteiga. Em seguida, amasse-as levemente para obter discos arredondados de 6 cm de diâmetro, aproximadamente. Leve-os ao forno por 8 minutos, retire, espere amornar e depois descole-os delicadamente do papel-manteiga e enrole-os de imediato com as mãos. Deixe endurecer.

3. Derreta a NUTELLA® em banho-maria. Mergulhe a metade de cada charuto na NUTELLA® e deposite-os sobre um prato. Leve os charutos por alguns minutos à geladeira, até que a NUTELLA® endureça, e retire-os rapidamente.

Você pode substituir os flocos de arroz por flocos de milho ou por granola crocante.

Bolachas de flocos de arroz com NUTELLA® e com chocolate branco

PARA 25 BOLACHAS • PREPARO: 30 MINUTOS • COZIMENTO: 5 MINUTOS • REFRIGERAÇÃO: 2 HORAS

100 g de NUTELLA® • 80 g de chocolate branco • 190 g de flocos de arroz

1. Derreta a NUTELLA® e o chocolate branco em banho-maria, em recipientes distintos.

2. Amasse de forma grosseira os flocos de arroz com as mãos. Divida em duas partes iguais e misture uma parte com a NUTELLA® e a outra parte com o chocolate branco derretido. Deixe esfriar.

3. Espalhe a mistura feita com NUTELLA® e a mistura feita com chocolate branco sobre fôrmas do tipo tabuleiro forradas com papel-manteiga e utilize um molde redondo para cortar bolachas, com 3 cm de diâmetro.

4. Leve as bolachas por 2 horas à geladeira, para endurecer. Descole-as delicadamente da fôrma e conserve-as em uma lata hermeticamente fechada.

Estes brownies em forma de ovo irão encantar as crianças!

Ovo de brownie recheado com NUTELLA®

PARA 4 BROWNIES • PREPARO: 30 MINUTOS • COZIMENTO: 40 MINUTOS

250 g de chocolate ao leite • 6 ovos • 250 g de açúcar • 15 g de açúcar de baunilha • 75 g de farinha de trigo • 125 g de amêndoas moídas • 1 fava de baunilha • 140 g de manteiga amolecida • 1 pote de 250 g de NUTELLA®

1. Preaqueça o forno a 150 °C. Pique o chocolate com uma faca e derreta-o em banho-maria.

2. Misture os ovos com os dois tipos de açúcar, sem bater muito, e adicione a farinha de trigo e as amêndoas moídas. Divida a fava de baunilha ao meio e raspe as sementes sobre a massa.

3. Incorpore a manteiga ao chocolate derretido e misture tudo ao preparo anterior.

4. Unte com manteiga oito forminhas de silicone com formato de meio-ovo de 10 a 12 cm de comprimento e despeje a massa sem enchê-las. Leve ao forno por 40 minutos.

5. Desenforme delicadamente as metades de ovos-brownies e as deixe esfriar sobre uma grelha. Iguale as bordas com uma faca e espalhe a NUTELLA® na parte plana de quatro meio-ovos. Reúna as partes besuntadas com NUTELLA® com os quatro meio-ovos restantes para formar ovos inteiros.

© Edição brasileira: Editora Senac São Paulo, 2013
ADMINISTRAÇÃO REGIONAL DO
SENAC NO ESTADO DE SÃO PAULO
Presidente do Conselho Regional: Abram Szajman
Diretor do Departamento Regional: Luiz Francisco de A. Salgado
Superintendente Universitário e de Desenvolvimento: Luiz Carlos Dourado

Editora Senac São Paulo
Rua Rui Barbosa, 377 – 1º andar – Bela Vista – CEP 01326-010
Caixa Postal 1120 – São Paulo – SP
Tel. (11) 2187-4450 – Fax (11) 2187-4486
E-mail: editora@sp.senac.br
Home page: http://www.editorasenacsp.com.br

Conselho Editorial: Luiz Francisco de A. Salgado / Luiz Carlos Dourado / Darcio Sayad Maia / Lucila Mara Sbrana Sciotti / Jeane Passos Santana
Gerente/Publisher: Jeane Passos Santana
Coordenação Editorial: Márcia Cavalheiro Rodrigues de Almeida / Thaís Carvalho Lisboa
Comercial: Jeane Passos Santana
Administrativo: Luís Américo Tousi Botelho

Editora Boccato (Gourmet Brasil) / CookLovers
Rua dos Italianos, 845 – Bom Retiro – 01131-000
São Paulo – SP – Brasil – (11) 3846-5141
www.boccato.com.br – www.cooklovers.com.br
contato@boccato.com.br
Edição: André Boccato
Coordenação Editorial: Rodrigo Costa
Coordenação de Produção: Arturo Kleque Gomes Neto
Revisão das receitas: Aline Maria Terrassi Leitão
Tradução: Marcia Francener
Revisão: Julie Anne Caldas / TopTexto
Administrativo: Maria Aparecida C. Ramos
Comercial: Marcelo Nogueira

Edição original © Larousse 2011
Direção de publicação: Isabelle Jeuge-Maynart
Direção editorial: Delphine Blétry
Edição: Johana Amsilli
Direção artística: Emmanuel Chaspoul
Layout: Anna Bardon
Revisão do francês: Sylvie Ponté
Capa: Véronique Laporte
Produção industrial: Annie Botrel

p. 5, 7, 9, 11, 19, 33, 39, 43, 49, 53, 57: Stéphane Bahic © col. Larousse (Design: Sophie Dupuis-Gaulier); p. 15, 21, 23, 25, 27, 37, 41, 47, 51, 55: Caroline Faccioli © col. Larousse (Design: Corinne Jausserand); p. 29: Caroline Faccioli © col. Larousse (Design: Philippe Lusseau); p. 35: Éric Fénot © col. Larousse (Design: Delphine Brunet); p. 63: Massimo Pessina © col. Larousse (Design: Rosalba de Magistris); p. 31: Amélie Roche © col. Larousse (Design: Aline Caron); p. 13, 45, 59, 61: Pierre-Louis Viel © col. Larousse (Design: Valéry Drouet); p. 17: Francis Waldman © col. Larousse (Design: Blandine Boyer).

A Editora Larousse utiliza papéis feitos com fibras naturais, renováveis, recicláveis, de madeira proveniente de florestas que adotam um sistema de gestão sustentável. Além disso, a Editora Larousse confia e acredita que os seus fornecedores de papel façam parte de um processo de certificação ambiental reconhecida.
Nutella ® é uma marca registrada da Ferrero.
Fotogravura Turquoise, Emerainville
Impresso na China por Starlite Development Ltda
Depósito legal: setembro 2011 – 307829/01 – 11016167 – maio 2011
que adotam um sistema de gestão sustentável. Além disso, a Editora Larousse confia e acredita que os seus fornecedores de papel façam parte de um processo de certificação ambiental reconhecida.
Nutella ® é uma marca registrada da Ferrero.
Fotogravura Turquoise, Emerainville
Impresso na China por Starlite Development Ltda
Depósito legal: setembro 2011 – 307829/01 – 11016167 – maio 2011

Dados Internacionais de Catalogação na Publicação (CIP)
(Jeane Passos Santana - CRB 8ª/6189)

As 30 melhores receitas com Nutella® / tradução Marcia Francener. -- São Paulo : Editora Senac São Paulo : Boccato, 2012.

Titulo original: Les 30 meilleures recettes nutella ferrero.
ISBN 978-85-396-0219-3

1. Gastronomia 2. Doces 3. Receitas I. Título.

12-003s CDD – 641.86

Índice para catálogo sistemático:

1. Gastronomia : Doces 641.86